© 2011 Edition bi:libri, München
Schlieker & Koth Verlag für
mehrsprachige Kinderbücher
Layout: Heljä Albersdörfer
www.edition-bilibri.de

Text und Illustration: Lucia Scuderi
Titel der Originalausgabe: Allegria gelosia per piccino che tu sia,
© 2010 Giunti Editore S.p.A., Florenz, Mailand, Italien
Übersetzung ins Deutsche: Sonja Frevel
Übersetzung ins Russische: Evgeni Vishnevski

Printed in China
ISBN 978-3-938735-97-8

Alle Rechte vorbehalten

Lucia Scuderi

Wie fühlst du dich heute?
Какое у тебя сегодня настроение?

Edition bi:libri

Ich bin fröhlich wie ein tanzender Bär.

Я весел, как танцующий медведь.

Ich bin wütend wie eine Katze, die ein Bad nehmen soll.

Я злюсь, как кошка, которой придётся искупаться.

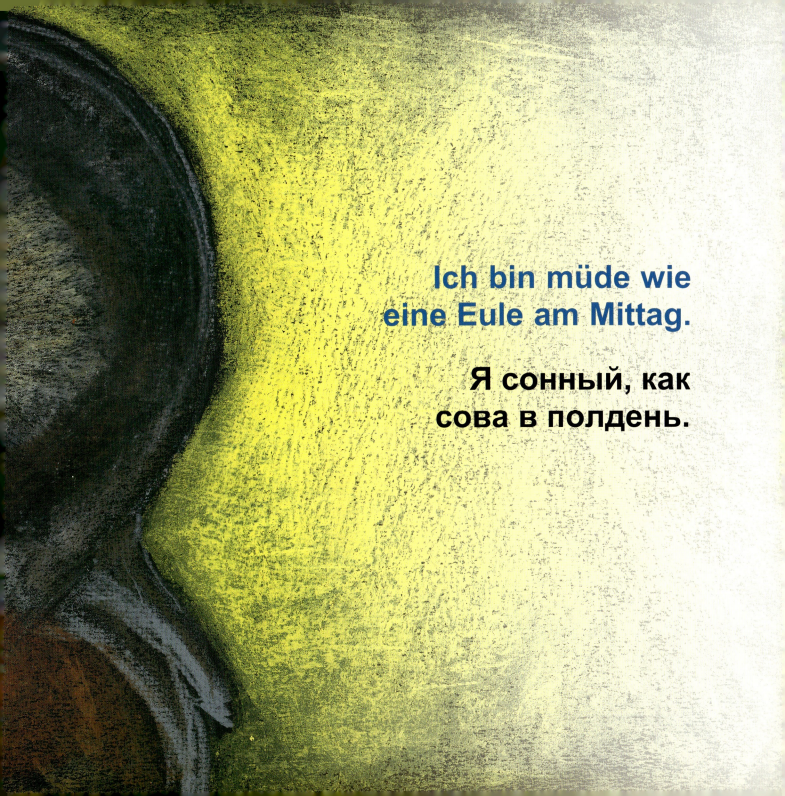

Ich bin müde wie eine Eule am Mittag.

Я сонный, как сова в полдень.

Ich bin eifersüchtig wie ein betrogener Rabe.

Я ревную, как обманутый ворон.

Ich habe Angst wie ein Kaninchen im Freien.

Мне страшно, как кролику в чистом поле.

Ich habe Hunger wie ein Löwe bei Sonnenaufgang.

Я голодный, как лев на рассвете.

Mir ist langweilig wie einem Vogel im Käfig.

Мне скучно, как птице в клетке.

Ich bin neugierig wie ein Affe.

Я любопытен, как обезьяна.

**Und wie fühlst du dich?
Zeichne es hier!**

**А у тебя – какое
настроение?
Нарисуй его тут!**

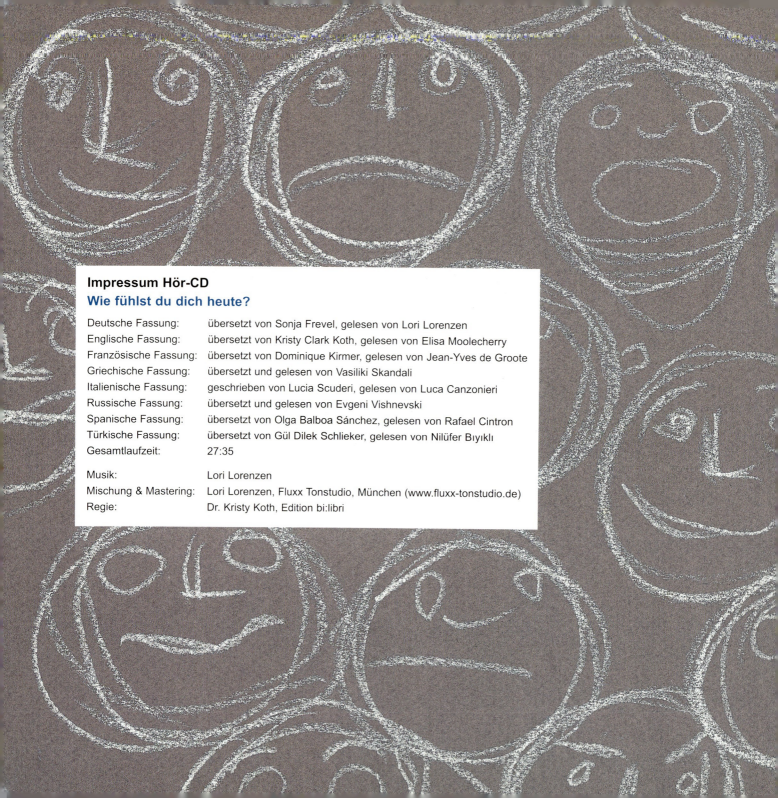

Impressum Hör-CD
Wie fühlst du dich heute?

Deutsche Fassung:	übersetzt von Sonja Frevel, gelesen von Lori Lorenzen
Englische Fassung:	übersetzt von Kristy Clark Koth, gelesen von Elisa Moolecherry
Französische Fassung:	übersetzt von Dominique Kirmer, gelesen von Jean-Yves de Groote
Griechische Fassung:	übersetzt und gelesen von Vasiliki Skandali
Italienische Fassung:	geschrieben von Lucia Scuderi, gelesen von Luca Canzonieri
Russische Fassung:	übersetzt und gelesen von Evgeni Vishnevski
Spanische Fassung:	übersetzt von Olga Balboa Sánchez, gelesen von Rafael Cintron
Türkische Fassung:	übersetzt von Gül Dilek Schlieker, gelesen von Nilüfer Bıyıklı
Gesamtlaufzeit:	27:35
Musik:	Lori Lorenzen
Mischung & Mastering:	Lori Lorenzen, Fluxx Tonstudio, München (www.fluxx-tonstudio.de)
Regie:	Dr. Kristy Koth, Edition bi:libri

Hober Verlag